Richard M. (Richard Moritz) Meyer, Elias Ullmann

Verzeichnis der von Salomon Benedict Goldschmidt aus Frankfurt a.M. stammenden Familien

Richard M. (Richard Moritz) Meyer, Elias Ullmann

Verzeichnis der von Salomon Benedict Goldschmidt aus Frankfurt a.M. stammenden Familien

ISBN/EAN: 9783743485143

Hergestellt in Europa, USA, Kanada, Australien, Japan

Cover: Foto ©ninafisch / pixelio.de

Manufactured and distributed by brebook publishing software (www.brebook.com)

Richard M. (Richard Moritz) Meyer, Elias Ullmann

Verzeichnis der von Salomon Benedict Goldschmidt aus Frankfurt

a.M. stammenden Familien

Verzeichniss

der von

Salomon Benedict Goldschmidt

aus

Frankfurt a. M.

stammenden Familien.

———— ·•◦◦◯◌◦•· ·—-

Aufgestellt

auf Grund amtlicher Erhebungen und privater Mittheilungen

von

Richard Moritz Meyer

in Berlin

unter Mitwirkung von

Elias Ullmann

Actuar der israelitischen Gemeinde

in Frankfurt a. M.

September 1879.

Druck von R. Morgenstern, Frankfurt a. M.

Vorwort.

In der vorliegenden Arbeit habe ich es versucht, die Entwickelung einer Familie während eines Zeitraumes von 148 Jahren nachzuweisen und übergebe nun den geehrten Mitgliedern derselben das Ergebniss meiner Nachforschungen, den Beleg ihrer Abkunft von einem gemeinsamen Stammvater, dem am 27. April 1812 im Alter von 74 Jahren verstorbenen **Salomon Benedict Goldschmidt**.

Der Herstellung dieses, über einen so ausgedehnten Zeitraum sich erstreckenden und alle Sprossen in sich begreifenden Verzeichnisses lagen viele, mitunter nicht leicht zu bewältigende Hindernisse im Wege.

Vor Anfang dieses Jahrhunderts wurden die Civilstandsregister der israelitischen Gemeinden, auch der israelitischen Gemeinde in Frankfurt a. M., der Stammgemeinde des **Salomon Benedict Goldschmidt**, nur in sehr mangelhafter Weise geführt, und was von denselben namentlich in der Frankfurter Gemeinde nicht durch die häufigen Feuersbrünste früherer Zeiten ein Raub der Flammen geworden, bot, noch grossentheils durch unvollkommene Bezeichnungen, nur schwache Anhaltspunkte zum Aufbau einer glaubwürdigen Genealogie. Trotzdem ist es mir in Folge erhaltener freundlicher Auskunft auf meine desfallsigen Anfragen gelungen, die verschiedenen Familiengruppen nach ihren Hauptstämmen zusammenzustellen und zu ordnen, und erübrigte es mir nur noch, über die an den verschiedensten Orten Deutschlands, ja Europa's lebenden Familienangehörigen die erforderlichen Notizen einzuholen. Dieselben sind mir nunmehr zugekommen, wenngleich nicht so vollständig, als es zu wünschen war, und ich überreiche hiermit den Mitgliedern dieser Familie die vorliegende Arbeit, indem ich mich der Hoffnung hingebe, dass sie deren etwaige Mängel mit derjenigen Nachsicht beurtheilen mögen, welche ich in Anspruch nehmen zu dürfen glaube.

Allenfallsige Berichtigungen, Zusätze etc. werden mir stets willkommen sein und mir die dereinstige zweite Aufstellung erleichtern und zu deren grösseren Genauigkeit beitragen. Ich ersuche desshalb alle meine geehrten Familienmitglieder, derartige Nachrichten mir möglichst vollständig zusenden zu wollen.

Berlin W., im October 1879.
Voss strasse 16

Richard Moritz Meyer.

Salomon Benedict Goldschmidt

geboren 28. Mai 1738, gestorben 27. April 1812

getraut

mit **Rechle Cassel,**

geboren 1746, gestorben 17. Juli 1810,

Tochter von *Hayum Cassel,* genannt *Bing,* aus Offenbach a. M.

Kinder:

I. *Golde,*	gob.		1767,	gest.	12. Oct.	1833
II. *Benedict Salomon*	„	13. Juni	1769,	„	30. Juli	1826
III. *Hayum Salomon*	„	11. Sept.	1772,	„	12. Juli	1843
IV. *Mayer Salomon,*	„	2. Jan.	1775,	„	19. Febr.	1854
V. *Joseph Salomon,*	„		1782,	„	3. Oct.	1854
VI. *Bennelchen,*	„			„		
VII. *Löb Salomon,*	„	29. Nov.	1787,	„	8. Mai	1873
VIII. *Sünkind Salomon*	„			„	26. Nov.	1805 i. St.

I

Golde Goldschmidt,

geb. 1767, gest. 12. Oct. 1873, getraut am 8. Juli 1794

11

mit **Mayer Jacob Halle**

geb. 1770, gest. 28. Dec. 1837,

Sohn von *Jacob Enoch Halle.*

Kinder:

12 A. *Gütel,* modo *Agathe.* geb. 10. Oct. 1797, gest. 17. März 1870,
13 B. *Merle,* „ *Mina,* geb. 10. Juli 1799, „ 21. Oct. 1864.

I. A.

Agathe Halle

geb. 10. Oct. 1797, gest. 17. März 1870

getraut am 11. März 1827

14

mit **Falk Henle,**

geb. 7. März 1796. gest. 28. Sept. 1842 in Wien.

Sohn von *Hayum Henle* aus Braunsbach in Bayern.

Kinder:

15 a. *Heinrich,* geb. 2. März 1826, gest. 7. Mai 1877.
16 b. *Haymann,* geb. 28. Juni 1828, gest. 2. Juni 1829.
17 c. *Recha,* geb. 19. Juli 1830,
18 d. *Emil,* geb. 4. Jan. 1832,
19 e. *Jacob,* geb. 17. Dec. 1832, gest. 27. Juni 1833.
20 f. *Georgine,* geb. 15. Jan. 1834,
21 g. *Anton Louis,* geb. 5. Dec. 1835,

I. A. a.   **Heinrich Henle**

geb. 2. März 1826, gest. 7. Mai 1877,

getraut 24. Oct. 1855

mit Emma Henle,

geb. 18. Mai 1837,

Tochter von *Isaac Henle* aus Karlsruhe.

Kinder:

Johanna,	geb. 11. Juli 1858	
Franziska Maria,	geb. 15. Aug. 1860	gest. 9. März 1864
Ottilie Louise,	gob 9. Nov. 1861	
Felix Heinrich,	geb. 8. Aug. 1866	

I. A. c.   **Recha Henle**

geb. 19. Juli 1830,

getraut 11. Sept. 1850

mit **Samuel Moritz Schuster,**

geb. 6. Febr. 1816

Sohn von *Moritz Samuel Schuster.*

I. A. f.   **Georgine Henle**

geb. 15. Januar 1834,

getraut 16. Mai 1854

mit **Ignatz Masbach**

geb. 4. März 1825

Sohn von *Hermann Masbach* in Mainz, geb. im Jahre 1790.

Kinder:

1. *Thekla,*   geb. 4. Mai 1855
2. *Mathilde*   gob. 15. März 1857
3. *Hermann,*   geb 14. Aug. 1862
4. *Fritz,*   geb. 25. April 1867

I. A. f. 1.   **Thekla Masbach**

geb. 4. Mai 1855,
getraut den 23. Mai 1871
mit **Carl Heidenheimer**
geb. 27. December 1847,
Sohn des *Ludwig Heidenheimer*

Kinder:

a. *Anna Hedwig,*   geb. 10. Mai 1876
b. *Martha,*   geb. 25. Jan. 1878.

I. A. f. 2.   **Mathilde Masbach,**

geb. 15. März 1857,
getraut 23. März 1879
mit **Leopold Oppenheim**,
geb. 3. Febr, 1846.

I. A. g.   **Anton Louis Henle**

geb. 5. Dec. 1835,
getraut 11. März 1873
mit **Anna Davids**
geb. 27. Nov. 1843
Tochter von *Thomas Davids M. D.* in Amsterdam.

Kinder:

Frederik Thomas Henry, geb. 2. März 1874
Alice Henrica,   geb. 22. Oct. 1876.

I. B.

Mina Halle

geb. 16. Juli 1709, gest. 4. Juni 1849

getraut 28. Mai 1833

mit Jacob Moses Ochs,

geb. 15. Mai 1805, gest. 21. Oct. 1864,

Sohn von *Moses Marx Ochs.*

Kinder:

a. *Jeannette,* geb. 22. Jan. 1835,
b. *Salomon,* „ 15. April 1836, gest. 11. Juli 1837
c. *Georgine,* „ 2. Dec. 1838,
d. *Martin,* „ 15. Juli 1840,

I. B. a.

Jeannette Ochs

geb. 22. Jan. 1835

getraut 25. Juni 1852

mit Abraham modo Albert Ochs

geb. 20. Dec. 1816,

Sohn von *Moses Marx Ochs*

Kinder:

Moritz Albert, geb. 31. Dec. 1853,
Georg Albert „ 2. Jan. 1855,
Paul Albert, „ 20. Dec. 1860, gest. 9. Aug. 1862
Emil Albert, „ 13. Aug. 1863,
Amélie Mina, „ 29. Aug. 1865.

I. B. c.

Georgine Ochs

geb. 2. Dec. 1838,

getraut 24. Nov. 1858

mit Emil Nordheim

geb. 1833,

Sohn von *Louis Nordheim* in Lyon.

Kinder:

Fanny, geb. 1. Oct. 1859,
Amélie, „ 26. Dec. 1860,

I. B. d.

Martin Ochs

geb. 15. Juli 1840,
getraut 27. Oct. 1871
mit Ottilie Henle,

52

geb.

Tochter von Dr. *Henle*, Literat.

II

Benedict Salomon Goldschmidt

geb. 13. Juni 1769, gest. 30. Juli 1826.

I. getraut 21. Jan. 1796

mit **Bella Braunschweig**

geb. 13. Nov. 1772, gest. 16. März 1813,

Tochter von *Model Moses Braunschweig.*

II. getraut 30. Nov. 1813

mit **Sabine Braunschweig,**

geb. 1785. gest. 17. Mai 1855

Tochter von *Model Moses Braunschweig*

Kinder erster Ehe:

A. *Mayer Benedict,*	geb. 17. Oct. 1796	gest. 12. April 1861,
B. *Moses* modo *Moritz Benedict*	„ 6. Oct. 1798	„ 5. April 1879,
C. *Haymann Benedict,*	„ 9. April 1800	
D. *Loeb* gen. *Leopold*	„ 28. Nov. 1801	
E. *Alexander,*	„ 23. Dec. 1802	„ 23. April 1813,
F. *Merle* gen. *Malchen,*	„ 23. Dec. 1802	„ 11. Mai 1843,
G. *Rebecca,*	„ 20. Febr. 1808	
H. *Philipp,*	„ 27. Juni 1809	

Kinder zweiter Ehe:

I. *Rechle* gen. *Regina,*	„ 8. Aug. 1815	
K. *Hanna,*	„ 13. Sept. 1816	„ 2. April 1873,
L. *Salomon,*	„ 28. März 1818	

II. A.

Mayer Benedict Goldschmidt
geb. 17. Oct. 1796, gest. 12. April 1861
getraut 27. Juni 1824
mit Jettchen Schames
geb. 13. Febr. 1796, gest. 7. Mai 1840, Tochter von *Sellgmann Schames.*

Kinder:

66
67

a. *Bella,*	geb. 14. Juni 1825				
b. *Jacob,*	„ 30. Juni 1826	gest. 24. März 1840			
c. *Benedict,*	„ 14. Juli 1827	„ 13. Febr. 1873			
d. *Wolf,*	„ 12. Oct. 1828	„ 19. Oct. 1867			
e. *Recha,*	„ 13. Juni 1830				
f. *Johanna,*	„ 29. Oct 1831	„ 13. Juli 1852			
g. *Sellgmann*	„ 8. Juli 1837				

II. A. a.

Bella Goldschmidt
geb. 14. Juni 1825,
getraut 25. Mai 1845
mit Veit L. Homburger
geb. 9. August 1810, gest. 11. Mai 1878,
Sohn von *Löw Homburger* in Karlsruhe.

Kinder:

a. *Leopold,*	geb. 29. Juni 1846	gest. 25. März 1847	
b. *Benedict,*	„ 7. Nov. 1847	„ 18. Sept. 1850	
c. *August,*	„ 7. Mai 1849	„ 14. Sept. 1850	
d. *Friedrich,*	„ 4. Juli 1850		
e. *Henriette,*	„ 30. Oct. 1851		

II. A. a. d.

Friedrich Homburger
geb. 4. Juli 1850,
getraut 22. Mai 1879
mit Sophie Nachmann
geb. 14. April 1852
Tochter von *Isaac Nachmann* in Mainz.

II. A. a. e. **Henriette Homburger**
geb 29. Oct. 1851,
getraut am 12. Juni 1877
mit Leopold Willstädter
geb. 15. Mai 1852,
Sohn von *Elias Willstädter*.

Kind

Emma, geb. 24. Febr. 1879

II. A. e. **Recha Goldschmidt**
geb. 13. Juni 1830,
getraut 30. August 1848
mit Siegmund Pappenheim,
geb. 10. Juli 1824,
Sohn von *Wolf Pappenheim*.

Kinder:

a *Henriette*, geb. 2. Sept. 1849 gest. 17. April 1867
b *Flora*, „ 24. Oct. 1853 „ 15. Oct. 1855
c. *Bertha*, „ 27. Febr. 1859
d. *Wilhelm* „ 15. Aug. 1860

II. A. g. **Seligmann Goldschmidt**
geb. 8. Juli 1834,
getraut 6/9. Juni 1862
mit Mathilde Kulp
geb. 21. März 1841
Tochter von *Juda Michael Kulp*.

Kinder:

a. *Meyer Seligmann*, geb. 6. Febr. 1866
b. *Henriette*, „ 1. Sept. 1868
c. *Juda Benedict* „ 1. März 1873 gest. 22. März 1873.

II. B. Moses Benedict modo Moritz Benedict Goldschmidt

geb. 6. Oct. 1798, gest. 5. April 1879
getraut 26. März 1828
92   mit Hannah Oppenheim
geb. 25. August 1800,
Tochter von *Marcus Oppenheim.*

Kinder:

93	a. *Bella* gen. *Bertha*, geb. 31. März 1829
94	b. *Henriette,*	„	4. April 1830
95	c. *Benedict Moritz*	„	5. Juli 1831
96	d. *Marcus Moritz,*	„	2. Oct. 1832

II. B. a.   Bertha Goldschmidt

geb. 31. März 1829
getraut 6. Juni 1849
97   mit Wilhelm Edler von Portheim
geb. 5. Juli 1819, gest. 10. Jan. 1873
Sohn von *Leopold Porges Edler von Portheim.*

Kinder:

98	a. *Gabriele,*	geb	17. April 1850
99	b. *Emma Luise,*	„	5. Juli 1851
100	c. *Ernestine,*	„	Nov. 1852	gest.
101	d. *Max,*	„	12. Mai 1857

II. B. a. b.   Emma Luise Edle von Portheim

geb. 5. Juli 1851,
getraut 18. August 1872
102   mit Marcus Moritz Goldschmidt
geb. 2. Oct. 1832
Sohn von *Moritz Benedict Goldschmidt.*

Kinder:

103	a. *Wilhelm Karl,* geb.	6. Juni 1873	gest. 22. Juni 1873
104	b. *Otto Heinrich,*	„	2. Oct. 1874	„ 30. Oct. 1874
105	c. *Alice,*	„	29. Dec. 1876

II. B. b.

Henriette Goldschmidt

geb. 4. April 1830,

getraut 31. Aug. 1851

mit **Gustav Sichel**

geb. 8. Mai 1825

Sohn von *August Silvestro Sichel.*

Kinder:

a. *Mary Sophie,* geb. 24. Dec. 1853
b. *Alice Isabella,* „ 13. Nov. 1857
c. *Gussy Martha,* „ 18. Juli 1860
d. *Lucy* „ 26. Nov. 1864
e. *Dora,* „ 16. April 1866

II. B. b. a.

Mary Sophie Sichel

geb. 24. Dec. 1853,

getraut 11. Nov. 1873

mit **Philipp Joshua**

geb. 8. Juli 1849

Sohn von *Michael Joshua.*

Kinder:

a. *Lucy Henriette,* geb. 10. Oct. 1875
b. *Nelly,* „ 28. Oct. 1876

II. B. c.

Benedict Moritz Goldschmidt

geb. 5. Juli 1831,

getraut 26/28. Aug. 1859

mit **Pauline Jacobsen**

geb. 23. August 1836

Tochter von *Moritz Jacobsen.*

Kinder:

a. *Martha,* geb. 10 Juli 1860 gest. 12. Sept. 1860
b. *Anna,* „ 17. Mai 1863
c. *Clara,* „ 17. Sept. 1864
d. *Friedrich Maximilian Rudolf* „ 1. Juni 1870

II. B. d.   **Marcus Moritz Goldschmidt**

vergleiche II. B. a. b. Emma Luise Edle von Portheim, Seite 14.

II. C.   **Haymann Benedict Goldschmidt**

geb. 9. April 1800

getraut 24. August 1828

120

mit Caroline Goldschmidt

geb. 18. Oct. 1807, gest. 17. Juni 1878

Tochter von *Hayum Salomon Goldschmidt.*

Kinder:

121	a. *Betty,*	geb. 21. Oct. 1829				
122	b. *Felix Haymann,*	„ 29. „ 1830	gest. 15. Aug. 1831			
123	c. *Regine,*	„ 4. „ 1831	„ 6. Nov. 1831			
124	d. *Auguste,*	„ 31. Oct. 1832	„ 27. Juli 1842			
125	e. *Jeannette,*	„ 6. Oct. 1833				
126	f. *Friedrich Haymann,*	„ 21. Aug. 1836	in Amsterdam			
127	g. *Moritz Haymann,*	„ 2. April 1838	in Amsterdam			
128	h. *Phillipp Haymann*	„ 21. Juli 1839	in Amsterdam			
129	i. *Isaac Haymann,*					
	gen. *Jacques,*	„ 12. Juli 1842	in Amsterdam			

II. C. a.   **Betty Goldschmidt**

geb. 21. Oct. 1829,

getraut 15. Juni 1853

130

mit Dr. med. Siegmund Homburger in Carlsruhe

geb. 14. Oct. 1818,

Sohn von *Löw Homburger* in Carlsruhe.

Kinder:

131   a. *Leopold*, geb. 11. Juli 1857

132   b. *Emma*, „ 18. Oct. 1864

II. C. e.

Jeanette Goldschmidt

geb. 6. Oct. 1833,

getraut 8. Nov. 1857

mit Max Kaulla in Stuttgart

geb. 21. Juli 1829

Sohn von *Salomon Mater Kaulla.*

Kinder:

a. Emma,	geb. 31. Aug.	1864
b. Lucie,	„ 13. März	1866

II. C. f.

Friedrich Haymann Goldschmidt

geb. 21. August 1836,

getraut 3. Mai 1866

mit Henriette Halphen

geb. 4. Dec. 1839

Tochter von *Gustave Halphen* in Paris.

Kinder:

a. Raymond Benoît, geb. 14. Jan. 1870 zu Paris

b. Henri Paul, „ 3. Mai 1871 zu Brüssel

c. Gustave Frédéric, „ 30. Jan. 1873 zu Paris

II. C. g.

Moritz Haymann Goldschmidt

geb. 2. April 1838,

getraut 31. März 1868

mit Emilie Simon,

geb.

Tochter von *Eduard Simon.*

Kinder:

a. Eduard Moritz Haymann, geb. 16. Jan. 1869

b. Paul Moritz Haymann, „ 25. Mai 1870

c. Alfred Moritz Haymann, , 1. April 1873

II C. h. **Philipp Haymann Goldschmidt** Dr phil.

geb. 21. Juli 1839,

getraut 2. Febr. 1873

144   mit Clara Edle von Portheim

geb. 14. Febr. 1853

Tochter von *Heinrich Porges, Edler von Portheim.*

Kind

145   *a. Marianne*, geb. 30. Oct. 1877

II. C. i. **Isaac** gen. **Jaques Haymann Goldschmidt** Dr. jur.

geb. 12. Aug. 1842

getraut 6. Juli 1873

146   mit Jeanne Goldschmidt

geb. 21. Oct. 1855

Tochter von Salomon Goldschmidt in Paris.

Kinder:

147   *a. Albert Heinrich*, geb. 3. Febr. 1877

148   *b. Eugène Carl*,   „ 25. Aug. 1878

Löb gen. Leopold Goldschmidt

II D.

geb. 28. Nov. 1801,
getraut 13. Oct. 1831
mit Therese Jeidels
geb. 6. Mai 1811
Tochter von *Moses Jeidels* in Würzburg.

Kinder:

a. *Betty,*   geb. 24. Nov. 1833
b. *Benedict,*   „ 21. Aug. 1837

Betty Goldschmidt

II D. a.

geb. 24. Nov. 1833,
getraut 29. Jan. 1852
mit Silvestro Emil Sichel
geb. 20. Aug. 1822
Sohn von *August Silvestro Sichel* in Bradford.

Kinder:

a. *Alfred,*   geb. 12. Dec. 1855
b. *Amy Lucy,*   „ 19. Febr. 1858
c. *Mildred Augustine,*   „ 18. Juli 1863
d. *Constance Mathilde,*   „ 16. Juli 1863
e. *Jessie*   „ 29. Juli 1867

Benedict Goldschmidt

II. D. b.

geb. 21. Aug. 1837
getraut 17. Oct. 1867
mit Marie Woog
geb. 4. October 1844
Tochter von *Moritz Woog* aus La Chaux de Fonds.

Kinder:

a. *Regine,*   geb. 19. Oct. 1868
b. *Paul,*   „ 21. Aug. 1869
c. *Margaretha,*   „ 13. Febr. 1872
d. *Robert,*   „ 4. Mai 1877

Merle gen. Malchen Goldschmidt

geb. 23. Dec. 1802, gest. 11. Mai 1843
getraut   April 1822
mit Joseph Nöther
geb. 25. Dec. 1798, gest. 10. Sept. 1873
Sohn von *Elias Noether* in Bruchsal.

103

Kinder:

164	a. *Hermann,*	geb. 29. Aug.	1825	gest. 19. Mai 1855
165	b. *Bella,*	„ 15. Jan.	1827	
166	c. *Fanny,*	„ 27. März	1828	„ 25. Oct. 1854
167	d. *Benedict,*	„ 11. Nov.	1829	„ 5. Jan. 1857
168	e. *Samuel,*	„ 5. Juli	1831	
169	f. *Alexander*	„ 12. Mai	1833	„ 4. Sept. 1861
170	g. *Recha,*	„ 12. Mai	1833	
171	h. *Jeannette,*	„ 29. Sept.	1839	
172	i. *Helene,*	„ 26. April	1843	

II. F. b.   Bella Noether

geb. 15. Jan. 1827
getraut 26. Nov. 1848
mit Benjamin Bonné
geb. 19. März 1819 gest. 14. Febr. 1869
Sohn von *Israel Bonné.*

173

Kinder:

174	a. *Amalie,*	geb. 10. Sept. 1849
175	b. *Julius,*	„ 30. Juli 1854
176	c. *Flora,*	„ 15. Sept. 1856
177	d. *Erwin,*	„ 23. Mai 1857
178	e. *Anna,*	„ 2. Dec. 1858

II. F. b. a.   Amalie Bonné

geb. 10. Sept. 1849
getraut 12. April 1874
mit August Penas
geb. 14. Jan. 1842
Sohn von Salomon Penas.

179

II. F. b. e.

Flora Bonné

geb. 15. Sept. 1856,
getraut 4. Febr. 1877
mit Hermann Goldenberg
geb. 29. März 1848
Sohn von Jacob Goldenberg.

Kind

A. *Hans,* geb. 11. Febr. 1878

II. F. o.

Fanny Noether

geb. 27. März 1828 gest. 25. Oct. 1854
getraut März 1848
mit Seligmann Noether
geb. März 1816
Sohn von *Elias Noether.*

II. F. e.

Samuel Noether

geb. 5. Juli 1831
getraut 22. April 1860
mit Sara Noether.
geb. 6. Nov. 1839
Tochter von *Hermann Noether.*

Kinder:

a. *Jenny,* geb. 25. Jan. 1862
b. *Anna,* „ 12. März 1863
c. *Ernst,* „ 5. Juli 1864

II. F. g. **Recha Noether**

geb. 12. Mai 1833
getraut 21. Nov. 1852
187   mit Julius Kohn
geb. 21. Nov. 1853
Sohn von   *Kohn.*

Kinder:

188   a. *Arthur,*   geb. 24. Dec. 1855
189   b. *Alberta,*   „ 28. Juni 1857
190   c. *Benedict,*   „ 17. Nov. 1859
191   d. *Hermann*   „ 24. Juli 1860
192   e. *Alice,*   „ 24. Sept. 1861
193   f. *Karl,*   „ 9. Sept. 1864
194   g. *Maud,*   „ 11. Nov. 1867
195   h. *Amy,*   „ 10. Nov. 1872

II. F. g. b.   Alberta Kohn

geb. 28. Juni 1857
getraut
196   mit Bernhard Stiebel
geb. 23. Mai 18
Sohn von   *Stiebel.*

Kinder:

197   a. *Helene,*   geb. 22. Juli 1876
198   b. *Heinrich,*   „ 27. Mai 1878

II. F. h.   **Jeannette Noether**

geb. 29. Sept. 1839
getraut 4. Jan. 1863
199   mit Hermann Heynemann
geb. 9. Mai 1831, gest. 9. Mai 1872
Sohn von *Bernhard Heynemann* in Berlin.

Kinder:

200   a. *Richard,*   geb. 16. Oct. 1863
201   b. *Amalie,*   „ 10. Aug. 1865
202   c. *Marie,*   „ 27. Jan. 1867
203   d. *Karl,*   „ 17. Dec. 1868

II. F. i.

Helene Noether

geb. 26. April 1843
getraut 21. Dec. 1863
mit **Leopold Friedländer**
geb. 16. Dec. 1832
Sohn von *Friedländer* in Berlin.

Kinder:

a. *Ernst,*   geb. 6. Oct. 1864
b. *Max,*   „ 5. Juni 1867
c. *Felix,*   „ 13. Dec. 1868
d. *Amalie,*   „ 10. April 1873

II. G.

Rebecca Goldschmidt

geb. 20. Febr. 1808
getraut 1. Mai 1832.
mit **Moritz Jacobsen**
geb. 24. Aug. 1795 gest 4. August 1858
Sohn von *Lippmann Jacob* in Hamburg.

Kinder:

a. *Benedict Moritz,* geb. 10. März 1833
b. *Elka,*   „ 20. Febr. 1835
c. *Pauline.*   „ 23. Aug. 1836
d. *Sophie,*   „ 14. Mai 1838 gest. 19. März 1839
e. *Regine,*   „ 23. Jan. 1841
f. *Rosa,*   „ 3. Dec. 1843

II. G. b.

Elika Jacobsen

geb. 20. Febr. 1835
getraut 1. Febr. 1857
mit **Fritz Meyer**
geb. 26. Mai 1820
Sohn von *Eli Joachim Meyer* in Berlin.

Kinder:

a. *Bertha,*   geb. 11. Jan. 1858 gest. 0. August 1865
b. *Richard Moritz,*   „ 5. Juli 1860

Pauline Jacobsen

II. G. c.

vergleiche II. B. Benedict Moritz Goldschmidt, Seite 15.

Regine Jacobsen

II. G. e.

geb. 23. Jan. 1841
getraut 24. Dec. 1863
mit Frederic Hymann Lewis
geb. 23. Juli 1834
Sohn von *James Graham Lewis* in London.

Kinder:

a. *Edgar James,*	geb. 1. Dec. 1864	gest. 22. Jan. 1865
b. *Harry Reginald,*	„ 14. Dec. 1865	
c. *Marie Elika,*	„ 18. Oct. 1867	
d. *Percy Benedict*	„ 7. April 1870	
e. *Constance Pauline*	„ 15. März 1871	
f. *Amy Henriette,*	„ 26. Juli 1873	
g. *Jessie Frederica*	„ 7. April 1878	

Rosa Jacobsen

II. G. f.

geb. 3. Dec. 1843
getraut 5. Juli 1868
mit Bernhard Behrmann
geb. 14. Dec. 1835
Sohn von *Moses Bohrmann* aus Hassloch in der bayr. Pfalz.

II. I.

Rechle gen. Regine Goldschmidt

geb. 8. August 1815
getraut 16. Febr. 1848
mit Nathan Marcus Oppenheim
geb. 8. April 1810
Sohn von *Marcus Oppenheim.*

Kinder:

a. *Helene,*	geb. 4. Jan. 1841		
b. *Charlotte Esther,*	„ 24. Febr. 1842		
c. *Marcus Nathan,*	„ 31. Aug. 1843	gest. 21. April 1868	
d. *Benedix Nathan,*	„ 3. März 1845	gest. 12. Nov. 1872	
e. *Moritz Nathan,*	„ 15. Sept. 1848		
f. *Sally Nathan,*	„ 22. Aug. 1853	gest. 2. März 1866	

II. I. a.

Helene Oppenheim

geb. 14. Jan. 1841
getraut 31. August 1862
mit Max A. Rosenbacher
geb. 31. Dec. 1830
Sohn von Dr. *Aron Rosenbacher* in Prag.

Kinder:

a. *Caroline,*	geb. 31. März 1864
b. *Richard,*	„ 16. Juli 1865
c. *Louise,*	„ 30. Sept. 1866
d. *Martha,*	„ 28. Aug. 1869

II. I. b.

Charlotte Esther Oppenheim

geb. 24. Febr. 1842
getraut 12 Juni 1864
mit Moritz Warburg
geb. 8. März 1838
Sohn von *Aby Warburg.*

Kinder:

a. *Mary Anna*	geb. 28. Juli 1865	gest. 9. Sept. 1865
b. *Aby Moritz,*	„ 13. Juni 1866	
c. *Max Moritz,*	„ 5. Juni 1867	
d. *Paul Moritz,*	„ 10. Aug. 1868	
e. *Felix Moritz,*	„ 14. Jan. 1870	
f. *Olga,*	„ 4. Nov. 1873	
g. *Fritz,*	„ 13. März 1879	
h. *Luise,*	„ 13. März 1879	

Hanna Goldschmidt

geb. 13. Sept. 1816 gest. 31. März 1873
getraut 23. Mai 1841
mit Moritz Morel
geb. 18. April 1809
Sohn von *Israel Morel.*

Kinder:

a. *August,*　　　　geb. 29. Juli 1844
b. *Eduard Benedict,*　„　29. Juli 1850

Salomon Goldschmidt

geb. 28. März 1818
getraut 5. Juli 1846
mit Josephine Edle von Portheim
geb. 10. März 1823, gest. 4. März 1869 in Mainz
Tochter von *Leopold Porges Edler von Portheim.*

Kinder:

a. *Clara Regine,*　　geb. 27. Mai 1847
b. *Emil Benedict,*　　„　21. Nov. 1848
c. *Pauline Esther,*　　„　18. Mai 1850
d. *Ernst Gabriel*　　　„　4. Oct. 1852
e. *Victor Mardochai*　„　10. Febr. 1853
f. *Adele,*　　　　　　„　1. Juli 1854
g. *Eduard,*　　　　　„　11. April 1857

II. L. a.

Clara Regine Goldschmidt

geb. 27. Mai 1847
getraut 14. Juli 1870
mit Gotthelf Meyer
geb. 12. Jan. 1844,
Sohn von *Isaac Levin Meyer* in Wien.

Kinder:

a. *Johannes Leopold,* geb. 31. März 1871
b. *Stephan Julius,*　　„　27. April 1872
c. *Josephine Therese,*　„　4. Juli　1873
d. *Hertha Sabine,*　　„　23. März 1876
e. *Anna,*　　　　　　„　18. Dec. 1877

II. L. e.

Pauline Goldschmidt

geb. 18. Mai 1850
getraut 5. Oct. 1873
mit Fritz Brandeis in London
geb. 11. Juni 1843
Sohn von *Jacob* gen. *Jacques Brandeis* in Wien.

Kinder:

a. Charles, geb. 18. Aug. 1874
b. Luise „ 19. Mai 1876

II. L. f.

Adele Goldschmidt

geb. 1. Juli 1854
getraut 16. Juni 1878
mit Max von der Porten
geb. 26. März 1850
Sohn von *Sally von der Porten*.

Kind

a. Paul Maximilian, geb. 20. Mai 1879

II. H.

Philipp Goldschmidt

geb. 20. Juni 1809
getraut 25. März 1840
mit Mina Stern
geb. 22. Febr. 1816 gest. 6. August 1873
Tochter von *Michael Herz Stern*.

Kinder:

a. Elisabetha, geb. 1. Febr. 1841
b. *Benedict,* „ 1. Mai 1842
c. *Heinrich Philipp,* „ 15. Sept. 1843 zu Mainz

II. H. a.   Elisabetha Goldschmidt

geb. 1. Febr. 1841

getraut 28. Mai 1865

mit Mayer gen. Max Reichenberger

geb. 13. Februar 1836

Sohn von *V. Reichenberger.*

Kinder:

a. *Luise Delphine*, geb. 25. Juni 1866
b. *Therese*,   „ 25. Mai 1869
c. *Victor Max*,   „ 30. Jan. 1872

II. H. b.   Benedict Goldschmidt

geb. 1. März 1842

I. getraut 30. Aug. 1874

mit Emilie Deutschmann

geb. 0. Juli 1854 gest. 2. Febr. 1877

Tochter von *Jacob Deutschmann.*

Kinder:

a. *Paul*, geb. 17. Juni 1875
b. *Felix*,   „ 14. Jan. 1877

II. getraut 21. Nov. 1878

mit Auguste Deutschmann

geb. 26. Jan. 1859

Tochter von *Jacob Deutschmann.*

III

Hayum Salomon Goldschmidt

geb. 11. Sept. 1772 gest. 12. Juli 1843

getraut 11. Jan. 1797

mit Gelchen gen. Caroline Gans

geb. 23. Juli 1779 gest. 14. August 1847

Tochter von *Feist Herz Gans.*

Kinder:

A. *Benedict Hayum,*	geb.	23. April 1798	gest.	6. Juni 1873
B. *Herz Hayum,*	„	26. Nov. 1799	„	14. Mai 1879
C. *Rebecke,*	„	9. April 1801	„	14. Nov. 1814
D. *Aron Hayum,*	„	11. Dec. 1802	„	24. April 1851
E. *Amalie,*	„	21. April 1804		
F. *Dorothea,*	„	2. Febr. 1806	„	4. April 1811
G. *Caroline,*	„	18. Oct. 1807	„	17. Juni 1878
H. *Regina,*	„	18. Sept. 1810	„	14. Nov. 1834
I. *Henriette,*	„	21. April 1812		
K. *Salomon, Dr. jur.*	„	15. Juli 1814		

Benedict Hayum Goldschmidt

geb. 23. April 1798 gest. 6. Juni 1873 in Paris
getraut 12. Nov. 1820
mit Jeannette Kann
geb. 4. Dec. 1802 gest. 4. März 1848,
Tochter von *Jacob Hirsch Kann.*

Kinder:

a. *Salomon,*	geb.	8. Oct. 1821			
b. *Theresia,*	„	11. Nov. 1822	gest.	12. Febr. 1823
c. *Veit,*	„	4. Dec. 1823	„	10. Jan. 1824
d. *Victorine,*	„	12. Juli 1825			
e. *Ferdinand Benedict,*	„	18. Dec. 1826			
f. *Isaac Benedict,* gen. John,	„	9. Jan. 1828			
g. *Henriette,*	„	8. Febr. 1829			
h. *Leopold Benedict Hayum,*	„	5. Mai 1830			
i. *Hermann Benedict Hayum,*	„	29. Dec. 1831			
k. *Eduard Benedict,*	„	29. Jan. 1833	„	13. April 1833
l. *Lazar Benedict,*	„	10. Febr. 1834	„	2. April 1834
m. *Adolph Benedict,*	„	29. Jan. 1838			
n. *Marie,*	„	13. Jan. 1841			
o. *Maximilian Benedict,*	„	20. Juni 1843			

III. A.

III. A. a.   **Salomon Goldschmidt**
geb. 8. Oct. 1821

I. getraut 8. Sept. 1854
mit Henriette Berend
geb. 2. April 1833 gest. 16. Dec. 1856 in Paris
Tochter von *Adolf Berend* in Hannover.

II. getraut 11. April 1858
mit Melanie Biedermann
geb. 27. Sept. 1834,
Tochter von *Joseph Biedermann* in Wien.

Kinder aus erster Ehe:

a. *Johanna Elisabeth,*   geb. 21. Oct. 1855 in Paris
b. *Margaretha Gabriele,*   „   23. Nov. 1856 in Paris

Kinder aus zweiter Ehe:

c. *Henriette Ernestine,*   geb. 24. Jan. 1859 in Paris
d. *Edmund Benedict*
Julian,   „   30. Aug. 1868 in Neuilly

III. A. a. a.   Johanna Elisabeth Goldschmidt
vergl. II. C. i. Isaac Goldschmidt Seite 18.

III. A. a. b.   Margaretha Gabriele Goldschmidt
geb. 23. Nov. 1856 in Paris
getraut 7. Juli 1879
mit Georg Kauffmann
geb.
Sohn von *Adolf Kauffmann* in Cassel

III. A. d.

Victorine Goldschmidt

geb. 12. Juli 1825

getraut 7. Mai 1844

814

mit Nathaniel Samuel Raphael

geb. 23. Nov. 1817 in Amsterdam

Sohn von *Samuel Raphael* in Amsterdam.

III. A. e.

Ferdinand Benedict Goldschmidt

geb. 18. Dec. 1826

getraut 1. März 1858

315

mit Hortense Eugénie Cerfberr

geb. 11. Aug, 1839

Tochter von *Alphonse Cerfberr* in Paris.

Kinder:

816	*a. Lucie Jeanette,*	geb.	5. Nov. 1859
317	*b. Alphonse Gaston Ferdinand,*	„	23. Sept. 1861
818	*c. Alice Andrée,*	„	14. Aug. 1865
819	*d. Helène Adrienne Marguerite*	„	13. Febr. 1872
820	*e. Rudolphe Robert,*	„	19. April 1873

III. A. f.

Isaac Benedict gen. John Goldschmidt

geb. 3. Jan. 1828

getraut 10. Aug. 1862

821

mit Sophie Franchetti

geb. 8. Mai 1843

Tochter des Ritters *Isaac Franchetti* in Florenz.

Kinder:

822	*a. Umberto Raimondo,* geb.	2. Juli 1863
323	*b. Elena Jeanetta,*	„	16. Nov. 1864
824	*c. Isabella,*	„	5. April 1869

Henriette Goldschmidt

geb. 8. Febr. 1820
getraut 18. April 1853
mit **Eduard Wiener von Welten.**
geb. 4. Juli 1822
Sohn von *Hermann Wiener* in Wien.

Kinder:

a. *Alfred Maximilian,* geb. 4. Febr. 1854
b. *Anna Helena,* „ 18. Febr. 1855
c. *Marie Clementine,* „ 9 Dec. 1856
d. *Rudolf Paul,* „ 3. Dec. 1864

III. A. h.   Leopold Benedict Hayum Goldschmidt

geb. 5. Mai 1830

getraut 15. Nov. 1855

350   mit **Regine Bischoffsheim**

geb. 1. September 1834 in Antwerpen

Tochter von *Jonathan Raphael Bischofsheim* in Brüssel.

Kinder:

351	a. *Marie Emma,*	geb.	25. Mai 1857			
352	b. *Clara Antonie,*	„	15. Oct. 1858	gest. 31. Oct. 1858		
353	c. *Paul Hermann,*	„	25. Juli 1860			
354	d. *Louise Hortense,*	„	8. März 1864			
355	e. *Ida Johanna,*	„	8. März 1864	„	2. Juli 1867	
356	f. *Clara Julie Eugenie*	„	4. März 1868			

III. A. i.   Hermann Benedict Hayum Goldschmidt

geb. 29. Dec. 1831

getraut 6. Jan. 1867

357   mit **Ottilie Przibram**

geb. 9. Oct. 1843

Tochter von *Salomon Przibram* in Prag.

Kinder:

358	a. *Robert Salomon,*	geb.	10. Juni 1868
359	b. *Andrée Leo,*	„	20. Juni 1869
340	c. *Gabrielle Regine Ida,*	„	19. Mai 1870
341	d. *Victor Max,*	„	22. Sept. 1871
342	e. *Alfred Eduard,*	„	22. Sept. 1871
343	f. *Therese Helene,*	„	2. April 1873

III. A. m.   Adolph Benedict Hayum Godschmidt

geb. 29. Jan. 1838

getraut 5. Dec. 1866

344   mit **Alice Emma Moses gen. Merten**

geb. 26. Sept. 1843

Tochter von *Joseph Moses gen. Merten* in London.

Kinder:

345	a. *Carl Adolph Benedict Hayum,*	geb.	22. Nov. 1867
346	b. *Eduard,*	„	24. Nov. 1868
347	c. *Nelly Lucie,*	„	28. Mai 1871
349	d. *Franz Adolph Benedict Hayum,*	„	22. Nov. 1878

III. A. n.   **Marie Goldschmidt**
geb. 13. Jan. 1841
getraut 17. Sept. 1863
mit Eduard Rosenfeld
geb. 26. Febr. 1839
Sohn von *Anton Rosenfeld* in Prag.

Kinder:

a. *Helene,*	geb. 11. Juli 1865	gest. 23. Jan. 1873
b. *Anna,*	„ 11. Mai 1867	
c. *Anton Carl,*	„ 21. Juni 1868	„ 3. Nov. 1868
d. *Hermine,*	„ 30. Sept. 1869	
e. *Ernst,*	„ 6. Oct. 1870	
f. *Louise,*	„ 2. Oct. 1871	
g. *Emilie.*	„ 12. Febr. 1873	
h. *Max Benedict,*	„ 16. Dec. 1873	

III. A. o.   **Maximilian Benedict Goldschmidt**
geb. 20. Juni 1843
getraut 26. Febr. 1878
mit **Mina Caroline Freiin von Rothschild**
geb. 18. Nov. 1857
Tochter von *Wilhelm Carl Freiherr von Rothschild.*

Kind:

a. *Albert Max,* geb. 3. Juni 1879

III. B.   **Hertz Hayum Goldschmidt**
geb. 26. Nov. 1799, gest. 14. Mai 1879
getraut 1. Juni 1825
mit **Henriette Schnapper**
geb. 19. Juli 1798, gest. 26. Febr. 1840
Tochter von *Amschel Wolf Schnapper.*

Aron Hayum Goldschmidt

III. D.

geb. 11. Dec. 1802, gest. 24. April 1851
I. getraut 26. Mai 1828
mit **Sara Stiebel**
geb. 25. Nov. 1806, gest. 30. Nov. 1844 in Cöln
Tochter von *Hertz Samuel Stiebel.*

II. getraut 25. Juli 1847
mit **Pauline Reiss**
geb. 25. Juli 1812, gest. 9. Juni 1860
Tochter von *Isaac Michael Reiss.*

Kinder erster Ehe:

a. *Friedrich Aron,*	geb. 3. März 1829, gest. 23. Nov. 1846 in Cöln
b. *Samuel Anton,*	„ 2. Dec. 1831, „ 6. Juli 1835

Kinder zweiter Ehe:

c. *Heinrich Anton,* geb. 6. Nov. 1848

Amalie Goldschmidt

III. E.

geb. 21. April 1804
getraut
mit **Louis Raphael Bischoffsheim**
geb. 22. Mai 1800
Sohn von *Raphael Bischoffsheim.*

Kinder:

a. *Raphael,*	geb. 22. Juli 1823
b. *Regine,*	„ 8. Nov. 1824
c. *Henri*	„ 15. Febr. 1829

III. E. b.   **Regine Bischoffsheim**

geb. 8. Nov. 1824

getraut 21. Oct. 1849

mit Julius Alfred Beer

geb. 7. Juni 1828

Sohn von *Wilhelm Beer* in Berlin.

Kinder:

a. Amélie,   geb. 13. Dec. 1850

b. Guillaume,   „ 21. Nov. 1853

c Edmond,   „ 19. Febr. 1856

III. E. c.   **Henri Bischoffsheim**

geb. 15. Febr. 1829

getraut 28. Nov. 1856

mit Çlarisse Eva Yella Biedermann

geb. 10. April 1837

Tochter von *Jos. Biedermann* in Wien.

Kinder:

a. Ellen Odette,   geb. 1. Sept. 1857

b. Amélie Catherine, „ 23. Juli 1858

III. G.   **Caroline Goldschmidt**

vergl. II. C. Heymann Benedict Goldschmidt Seite 16.

III. H.   **Regine Goldschmidt**

geb. 18. Sept. 1810, gest. 14. Nov. 1834

getraut 13. Juni 1829

mit Eduard Jacob Hirsch Kann

geb. 2. Mai 1801, gest. 30. Juni 1866 in Paris

Sohn von *Jacob Hirsch Kann.*

Kinder:

a. Isaac,   geb. 9. Sept. 1830

b. Friedrich Eduard,   „ 9. Oct. 1831 gest. 20. Juli 1837

III. H. a.   Isaac Kann

geb. 9. Sept. 1830
getraut 6. April 1856
mit Henriette Biedermann
geb. 22. Aug. 1837, gest. 7. April 1865.
Tochter von *Hermann Biedermann* in Wien.

Kinder:

a. Jacob Eduard,	geb. 28. Febr. 1857 in Paris
b. René Michel Reginald,	„ 8. Mai 1859 in Paris
c. Charlotte Marie Eveline Aegine,	„ 9. Juni 1863 in St. Germain

III I.   Henriette Goldschmidt

geb. 21. April 1812
getraut 11. Juni 1832
mit Jonathan Raphael Bischoffsheim
geb. 27. April 1808
Sohn von *Raphael Bischofsheim* in Brüssel.

Kinder:

a. Clara,	geb. 18. Juni 1833
b. Regine,	„ 1. Sept. 1834
c. Ferdinand,	„ 2. Aug. 1837
d. Hortense Henriette,	„ 14. Febr. 1843

III. I. a.   Clara Bischoffsheim

geb. 18. Juni 1833
getraut 28. Juni 1855
mit Moritz von Hirsch
geb. 9. Dec. 1831
Sohn von Joseph von Hirsch.

Kind:

a. Lucien Jacques Maurice, geb. 11. Juli 1856

III. I. b.   Regine Bischoffsheim

vergl. III. A. h. Leopold Benedict Hayum Goldschmidt Seite 34.

III. I. d. **Hortense Henriette Bischoffsheim**

geb. 14. Febr. 1843

getraut 26. Juli 1866

mit **Georg Montefiore Levi**

geb. 8. Fobr. 1832

Sohn von *Isaac Levy.*

IV.   Mayer Salomon Goldschmidt

geb. 2. Jan. 1775, gest. 19. Febr. 1854

I. getraut 9. Aug. 1801

mit **Hendle Casella**

geb.   1769, gest. 9. Mai 1827

Tochter von *Benedict Canella*,

Wittwe von *Nathan David Landau*

seit dem 11. Juli 1800

II. getraut 7. März 1830

mit **Rosine Schloss**

geb. 30. Oct. 1792, gest. 13. Jan. 1865

Tochter von *Sünkind Jacob Schloss.*

Kinder erster Ehe:

A. *Hayum* gen. *Hermann,* geb. 17. Juni 1802 gest. 30. Aug. 1866
B. *Wilhelm,*   „ 10. Mai 1803 „ 31. Jan. 1866
C. *Siegmund,*   „ 18. Aug. 1804
D. *Röuge* gen. *Rosette,*   „ 19. Oct. 1805 „ 27. April 1868
E. *Merle,*   „ 20. Nov. 1806 „ 28. Nov. 1807

Kinder zweiter Ehe:

F. *Rosamunda Bertha,*   geb. 19. Nov. 1832
G. *Salomon Jacob,*   „ 11. Aug. 1837

IV. A.

Hayum gen. Hermann Goldschmidt
gob. 17. Juni 1802, gest. 30. Aug. 1866
getraut 12. August 1801
mit Adelaide Pierrette Moreau
geb. 29. August 1814,
Tochter von

Kinder:

a. *Helene*, geb. 2. Juli 1855 gest.
b. *Josephine*, „

IV A. b.

Josephine Goldschmidt
geb.
getraut
mit
geb
Sohn von

IV. B.

Wilhelm Goldschmidt
geb. 10. Mai 1803 gest. 31. Jan. 1806
getraut 31. März 1833
mit Regine Oppenheimer
geb. 6. Oct. 1812
Tochter von *Moses Jantoff Oppenheimer*.

IV. C.

Siegmund Goldschmidt
geb. 18. Aug. 1804
getraut 27. Mai 1838
mit Hannchen Flesch
geb. 25. März 1816
Tochter von *Gustav Hirsch Flesch.*

Kinder:

a. *Henriette*, geb. 7. Mai 1840
b. *Jenny*, „ 17. Nov. 1841 gest. 31. Aug. 1842
c. *Saly Siegmund*, „ 12. Sept. 1843

IV. C. a. **Henriette Goldschmidt**

geb. 7. Mai 1840

getraut 11. März 1864

410 mit Adolf Bär

geb. 21. März 1833

Sohn von *Elias Abraham Baer* aus Zirke.

Kinder:

411 a. *Emil Adolf,*   geb. 19. Febr. 1867
412 b. *Maximilian Wilhelm Adolf,*   „   4. Nov. 1868
413 c. *Rosa Henriette Bernhardine*   „ 24. Oct. 1872

IV. C. c. **Saly Siegmund Goldschmidt**

geb. 12. Sept. 1843

getraut 23. Dec. 1877

414 mit Emilie Bacher

geb. 12. Juni 1857

Tochter von *Max Bacher.*

IV. D. **Rosette Goldschmidt**

geb. 19. Oct. 1805. gest. 27. April 1868

getraut 25. Mai 1828

415 mit Ludwig Gans

geb. 17. Juli 1793, gest. 17. Juni 1871.

Sohn von *Aron Philipp Gans* aus Celle.

Kinder:

416 a. *Henriette,*   geb. 13. Juni 1829
417 b. *Mariane Nannette,*   „   5. Sept. 1831
418 c. *Friedrich Ludwig*   „ 15. Nov. 1833
419 d. *Pauline,*   „   5. Nov. 1836
420 e. *Adolf,*   „   8. März 1842
421 f. *Leo Ludwig,*   „   4. Aug. 1843

IV. D. a.   **Henriette Gans**
geb. 13. Juni 1829
getraut 13. Juni 1850
mit Marum gen. **Max Heidelbach**
geb. 26. März 1819, gest. 7. Aug. 1875
Sohn von   in Newyork.

Kinder:

a. *Alfred Samuel*, geb. 17. Nov. 1852
b. *Emma*,   „ 26. Nov. 1856

IV. D. a. a.   **Alfred Samuel Heidelbach**
geb. 17. Nov. 1852
getraut
mit Julie Pecard
geb. Mai 1859
Tochter von

IV. D. a. b.   **Emma Heidelbach**
geb. 26. Nov. 1856, gest. 17. Febr. 1879
getraut 24. Oct. 1876
mit Wilhelm Baruch Bonn
geb. 16. März 1849
Sohn von *Baruch Bonn.*

Kind:

a. *Max Julius*, geb. 14. Sept. 1877

IV. D. b.   **Mariane Nannette Gans**

geb. 5. Sept. 1831

getraut 7. Juni 1854

428   mit Leopold Löwengard

geb. 31. Dec. 1817

Sohn von Joseph Löwengard in Hamburg

Kinder:

429	a. *Otto Moritz,*	geb.	16. März	1855
430	b. *Alfred Leopold,*	„	22. Aug.	1856
431	c. *Mathilde,*	.,	15. Aug.	1857
432	d. *Ernst Leopold*	.,	5. Oct.	1860
433	e. *Eduard Leopold,*	.,	15. Nov.	1862
434	f. *Olga Helene,*	„	28. März	1864
435	g. *Clara Marie,*	„	11. Aug.	1866
436	h. *Marie Rosette,*	„	3. Sept.	1868

IV. D. c.   **Friedrich Ludwig Gans**

geb. 15. Nov. 1833

getraut 21. Nov. 1862

437   mit Auguste Ettling

geb. 13. August 1839

Tochter von *Wilhelm Ettling* in Karlsruhe.

Kinder:

438	a. *Fanny Adela,*	geb.	11. Sept.	1863
439	b. *Paul Friedrich,*	„	11. Juli	1866
440	c. *Ludwig Wilhelm,*	„	6. Aug.	1869

IV. D. d.   **Pauline Gans**

geb. 5. Nov. 1836

getraut 18. Juni 1858

441   mit Bernhard Otto Weinberg

geb. 1. April 1815, gest. 25. Jan. 1877

Sohn von *Salomon Weinberg* in Escheberg.

Kinder:

442	a. *Marie Friedrike,*	geb.	6. Juli	1859
443	b. *Arthur Bernhard,*	„	11. Aug.	1860
444	c. *Karl Maximilian*	.,	14. Sept.	1861
445	d. *Friedrich Ernst,*	„	20. Jan.	1863

IV. D. e.   **Adolf Gans**

geb. 8. März 1842
getraut 12. März 1872
mit **Martha Elisabeth Pick**
geb. 8. Jan. 1851
Tochter von **Theodor Pick** in Landsberg a. d. Warthe.

Kinder:

a. Alice Rosette,	geb. 10. Mai	1873
b. Helene Louise,	„ 8. Juni	1874
c. Marie Bernhardine,	„ 30. Jan.	1877

IV. D. f.   **Leo Ludwig Gans**

geb. 4. Aug. 1843
getraut 15. März 1876
mit **Louise Sander**
geb. 1. Oct. 1854
Tochter von *Carl Sander.*

Kinder:

a. Hedwig,	geb. 7. Jan. 1877	
b. Robert Ludwig,	„ 2. April 1879	gest. 21. Juni 1879

IV. E.   Rosamunda Bertha Goldschmidt

geb. 19. Nov. 1832

getraut 5. Sept. 1851

458   mit Michael Jacob Heimann

geb. 8. Juli 1824

Sohn von *Jacob Heimann* aus Cronberg.

Kinder:

454   a. *Gustav Heinrich*,   geb. 23. Dec. 1852

455   b. *Friedrich*,   „ 28. Nov. 1853

456   c. *Mathilde Rosalie*,   „ 14 Aug. 1855 gest. 10. März 1869

IV. F.   Salomon Jacob Goldschmidt

geb. 11. Aug. 1837

getraut 28. Mai 1865

457   mit Mathilde Bing

geb. 13. August 1848

Tochter von *Moses Salomon* modo *Moritz Siegfried Bing*.

Joseph Salomon Goldschmidt

geb.   1782, gest. 3. Oct. 1862.

I. getraut 11. Juni 1810
mit **Caroline Schwelch**
geb.   1782, gest. 1. März 1836
Tochter von *Callmann Herz Schwelch.*

II. getraut 1. Oct. 1840
mit **Mina Emden**
geb. 14. Dec. 1788, gest. 4. Nov. 1858
Tochter von *Hayum Jacob Emden.*

Kinder erster Ehe:

A. *Carl,*	geb.	4. Juni 1811	gest. 4. Aug. 1858 in Paris
B. *Salomon,*	„	23. Mai 1812	„	15. April 1865
C. *Benedict,*	„	2. Aug. 1813	„	15. Jan. 1878
D. *Wolf,*	„	11. Nov. 1814	„	13. Mai 1819
E. *Regine,*	„	1. Sept. 1816	„	22. Febr. 1876
F. *Rebecka,*	„	26. Sept. 1817	„	4. Oct. 1868
G. *Haymann,*	„	9. Oct. 1818		
H. *Jenny,*	„	3. Dec. 1819	„	8. Nov. 1820
I. *Mayer,*	„	30. Aug. 1821	„	10. Dec. 1836

Carl Goldschmidt

V. A.

469

geb. 4. Juni 1811, gest. 4. Aug. 1858 in Paris
getraut 25. Nov. 1846 zu Rouen
mit Helena Baruch aus Bergen
geb. 3. Juni 1820
Tochter von

Kinder:

470	a. *Clementine,*	geb.	4. April	1847
471	b. *Agathe,*	„	25. Febr.	1850
472	c. *Rosa,*	„	15. Aug.	1857

Clementine Goldschmidt

V. A. a.

473

geb. 4. April 1847
getraut 27. Dec. 1868
mit Moise Meyer in Paris
geb.

Kind:

473a   a. *Carl,* geb. 14. Febr. 1870

Agathe Goldschmidt

V. A. b.

474

geb. 25. Febr. 1850
getraut 11. Jan. 1874
mit Joseph Mou
geb.
Sohn von   *Mou.*

Kind:

475   a. *Edmond Leon,* geb. 17. Oct. 1874

V. B.

Salomon Goldschmidt

geb. 23. Mai 1812, gest. 15. April 1865
getraut 15. Juni 1845
mit Caroline Trier
geb. 31. März 1815, gest. 28. Febr. 1873
Tochter von *Mayer Joseph Trier.*

Kinder:

a. *Clementine,* geb. 14. Juni 1848 gest. 7. Jan. 1869
b. *Gustav Salomon,* „ 26. April 1851
c. *Recha,* „ 2. Aug. 1855

V. B. a.

Clementine Goldschmidt

geb. 14. Juni 1848, gest. 7. Jan. 1869
getraut 25. Mai 1866
mit Ben Sion Stern
geb. 26. August 1840
Sohn von *Bär Stern.* Kaufmann zu Fechenbach.

Kinder:

a. *Bernhard,* geb. 19. April 1867
b. *Recha,* „ 28. Juni 1868 gest. 9. Juli 1868

V. B. c.

Recha Goldschmidt

geb. 2. Aug. 1855
getraut 24. Nov. 1875
mit Joseph Leopold Wolff
geb. 14. Jan. 1841
Sohn von *Leopold Wolff* in Creuznach.

Kinder:

a. *Julius,* geb. 1. Sept. 1876
b. *Samuel,* „ 12. April 1879

V. C.	**Benedict Joseph Goldschmidt**

geb. 2. Aug. 1813 gest. 15. Januar 1878
getraut 30. April 1843 in Mainz
mit **Rosa Nathan**
geb. 27. Dec. 1817
Tochter von *Nathan Hayum* in Cronberg.

Kinder:

487	a. *Nathan,*	geb. 28. März 1844			
488	b. *Salomon,*	„ 13. Aug. 1845			
489	c. *Heinrich,*	„ 14. Nov. 1846	gest. 19. Sept. 1847		
490	d. *Gustav,*	„ 4. Dec. 1848			
491	e. *Julius Adolf*	„ 10. Nov. 1851			
492	f. *Klotilde,*	„ 24. Sept. 1859	„ 3. Dec. 1859		
493	g. *Henriette*	„ 25. Mai 1862	„ 19. Juni 1868		

486

V. C. a.	**Nathan Goldschmidt**

geb. 28. März 1844
getraut 13. Juni 1877
mit **Jeannette Josephine David**
geb. 25. Juli 1858
Tochter von *Albert David.*

494

Kind

495   a. *Henny,* geb. 2. Jan. 1878

V. C. b.

Salomon Goldschmidt

geb. 13. Aug. 1845
getraut 4. Dec. 1874
mit Emma Rosette Flürscheim
geb. 4. April 1853
Tochter von *Bernhard Flürscheim.*

Kinder:

a. *Bernhard,* geb. 19. Jan. 1870
b. *Hedwig,* „ 13. Mai 1877 gest. 4. Juni 1878
c. *Richard,* „ 12. April 1878

V. E.

Regine Goldschmidt

geb. 1. Sept. 1816, gest. 22. Febr. 1876
getraut 2. Juni 1840
mit Joseph Schlesinger
geb. 14. Juli 1813 gest. 4. April 1875
Sohn von *Benjamin Schlesinger* in Pforzheim.

Kinder:

a. *Simon,* geb. 14. April 1841
b. *Auguste,* „ 14. Oct. 1842
c. *Saly,* „ 4. März 1846

V. E. a.

Simon Schlesinger

geb. 14. April 1841 in Pforzheim
getraut
mit Henriette Emmerich
geb.
Tochter von *Emmerich* in Hemsbach.

Kinder:

a. *Clementine,*
b. *Bertha,*
c. *Anna,*
d. *Louise,*

V. E. b.

Auguste Schlesinger
geb. 14. Oct. 1842
getraut
509
mit Louis Hofmann
geb.
Sohn von *Hofmann* in Carlsruhe.

Kinder:

510   *a. Alfred,*   geb.
511   *b. Anna,*   „
512   *c. Henriette,*   „

V. E. c.

Saly Schlesinger
geb. 4. März 1846
getraut 2. März 1873
513
mit Josephine Kahn
geb. 21. Dec. 1871
Tochter von *Philipp Kahn.*

Kinder:

514   *a. Rudolf,* geb.   2. Dec. 1873
515   *b. Otto,*   „   27. Oct. 1878

Besselchen Goldschmidt

geb.   gest.

Löb Salomon Goldschmidt

geb. 29. Nov. 1787, gest. 8. Mai 1873
getraut 8. Nov. 1818
mit **Sara Fuld**
geb. 16. Mai 1797, gest. 30. Juli 1877
Tochter von *Moses Fuld.*

516

Kind:

517

A. *Regine,* geb. 29. Aug. 1819

VII. A.

Regine Goldschmidt

geb. 29. Aug. 1819
getraut 5. Aug. 1838
mit **Hirsch Jacob Weiller**
geb. 22. April 1811
Sohn von *Jacob Isaac Weiller.*

Kinder:

518	a. *Johanna,*	geb. 28. Juni 1839	
519	b. *Helene,*	„ 29. Mai 1840 gest. 26. Nov. 1874	
520	c. *Gitta Cornelie*	„ 11. April 1846 „ 6. März 1847	

VII. A. a.

Johanna Weiller

geb. 28. Juni 1839
getraut 11. Aug. 1861
mit **Isaac Leopold Kohn-Speyer**
geb. 16. Jan. 1828, gest. 21. Febr. 1870
Sohn von *Leopold Isaac Kohn-Speyer.*

Kinder:

522	a. *Leopold Arthur,*	geb. 7. Juni 1862 in Manchester, gest. 22. Juni 1867 in Wiesbaden.
523	b. *Edith Johanna,*	„ 8. Sept. 1863
524	c. *Edmund,*	„ 6. April 1866
525	d. *Paul,*	„ 1. Mai 1868

VII. A. b.

Helene Wellier

geb. 29. Mai 1840 gest. 26. Nov. 1874

getraut 24. März 1865

mit **Adolf Heinrich Doctor**

geb. 2. April 1836

Sohn von *Jacob Doctor*.

Kinder:

a. *Anna,*   geb. 25. Oct. 1867

b. *Alfred Jacob*   „ 15. Mai 1869

c. *Cornelia Josephine,* „ 11. Nov. 1870

Nachtrag.